U0583924

潇洒的智慧

诗禅画意金刚经

万峰山人——李雄风 绘·著

SSAP
社会科学文献出版社
SOCIAL SCIENCES ACADEMIC PRESS (CHINA)

碧澗泉水清寒山月華白默知神自明空觀境逾寂
春風

也是代序

一千六百年前
西域高僧
鸠摩罗什三藏法师
在长安草堂大寺译出
这部《金刚经》
千万人一千多年来读诵
有人因为听了
　“应无所住而生其心”
明心见性
开悟成了祖师
影响千百年人心

无数人读了
却只是在诵读
明明是
　“凡所有相皆是虚妄”
可偏偏还要在
佛前恭敬地诵
祈求神佛保佑
　消灾解难
　增福延寿

很多人忘了
金刚般若波罗蜜经是
解脱的智慧法语
破执我人众生寿者相
消除我人众生寿者见

三千大千世界宇宙
同是虚幻变迁
恒河沙数福德

皆非福德
是名福德
度众生的庄严佛土
也即非庄严
是名庄严

应该去体会
　过去心不可得
　现在心不可得
　未来心不可得
世间一切的一切
都是
　“一切有为法　如梦幻泡影
　如露亦如电　应作如是观”
无相可见
无生可度
无法可得
才是成就
阿耨多罗三藐三菩提
如果想
人生更潇洒
心灵更美好
请仔细品味
“潇洒的智慧”
你会意想不到地
获得
洒脱　喜悦
自在　圆融
的现实人生！

萬峰

佛历二五五七年
公元二〇一三年六月
于草堂寺

目录

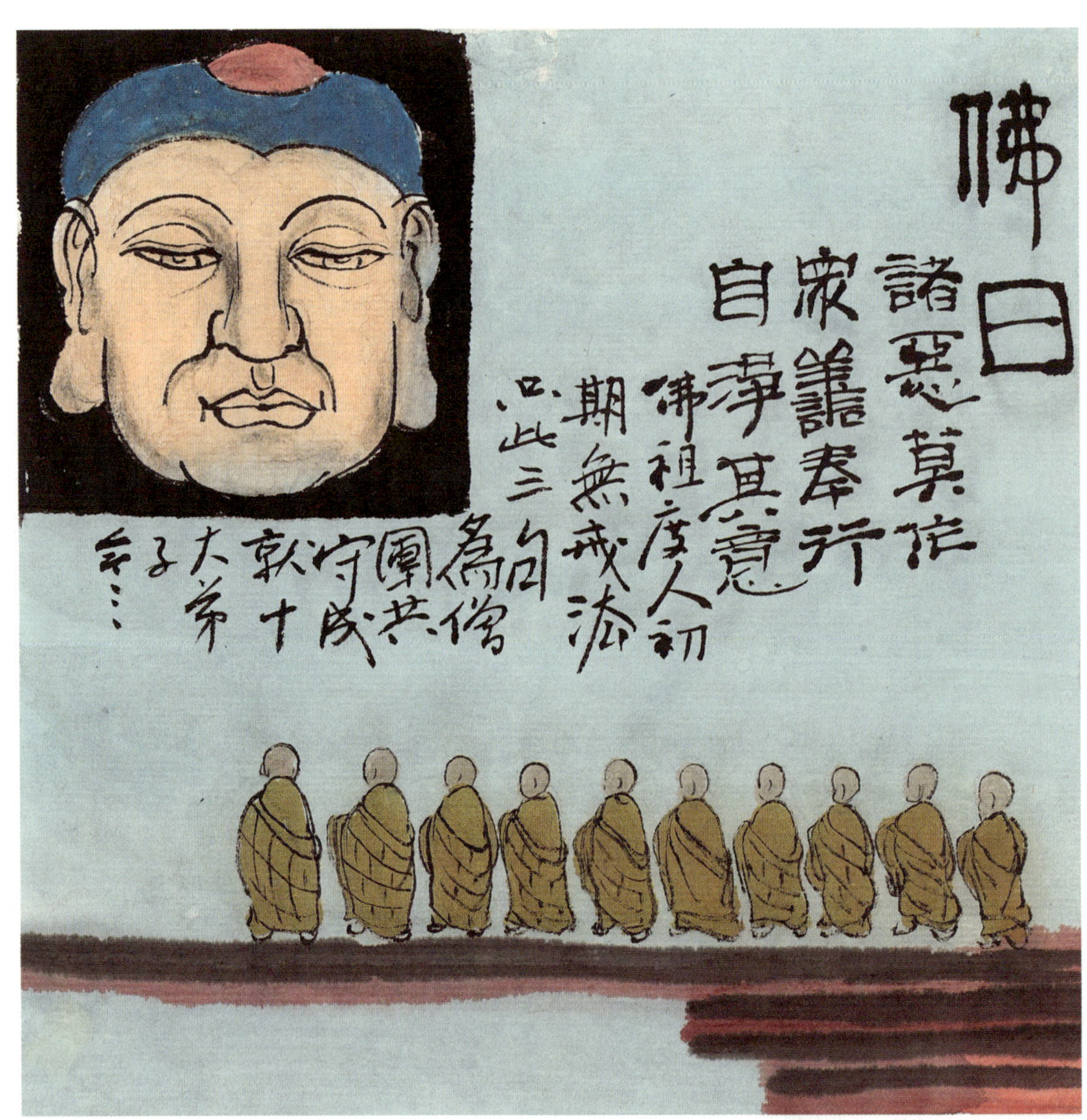
佛曰
諸惡莫作
衆善奉行
自淨其意
佛祖度人初期無戒法
以此三句為僧團共守戒
就十大弟子云云

一 法会因由分

佛和弟子们的生活

佛和弟子们的生活

如是，如是
阿难尊者庄严宣称
这是我亲自
看到的，听到的
一个晴朗和煦日子
舍卫国祇树给孤独园内
佛陀的常随弟子众
一千二百五十多人
午饭时间
追随佛陀世尊
披着袈裟
手持钵盂
威仪齐整
入城化缘
回到园中饭后
收起衣钵
洗足安详静坐

经文

如是我闻：一时，佛在舍卫国，祇树给孤独园，与大比丘众，千二百五十人俱。尔时，世尊食时，着衣持钵，入舍卫大城乞食。于其城中次第乞已，还至本处。饭食讫，收衣钵，洗足已，敷座而坐。

二 善现启请分

降伏其心

降伏其心

须菩提尊者恭敬请示

发愿修无上正等正觉心的人

如何降伏迁念不定的心

佛陀慈悲开导

修菩萨道的人

应该

　守心令宁静

　定心不妄想

　净心不著相

　慈心不烦人

　悲心悯众生

不著 不住 不动

自然 安详 宁静

念念相续

一念万年

随遇而安

随缘而住

经文

时长老须菩提，在大众中，即从座起，偏袒右肩，右膝着地，合掌恭敬，而白佛言："希有世尊，如来善护念诸菩萨，善付嘱诸菩萨。世尊，善男子，善女人，发阿耨多罗三藐三菩提心，云何应住？云何降伏其心？"佛言："善哉！善哉！须菩提，如汝所说，如来善护念诸菩萨，善付嘱诸菩萨，汝今谛听，当为汝说，善男子、善女人，发阿耨多罗三藐三菩提心，应如是住，如是降伏其心。""唯然，世尊，愿乐欲闻。"

萬峰山人
雄風
畫

三　大乘正宗分

主要的生命体

主要的生命体

生命无数
众生无量
不管是
　卵生的
　胎生的
　湿生的
　化生的
还是
　有色的
　无色的
　有想的
　无想的
甚至
　非想的
　非无想的
修佛的人
都必须发愿

救度他们
出离轮回
进入
　清净解脱
　无余涅槃[1]

可是
行菩萨道的人
救度众生
是修行人的本分
是没有希求的付出
不应该存有曾经救度的追忆
那是
　执著
　障碍
　放不下
　不自在

1. 涅槃，译作圆寂，是佛、菩萨等圣人证入不生不灭的境界，无余涅槃是再也没有身体的物质障碍了。

佛告须菩提："诸菩萨摩诃萨，应如是降伏其心：所有一切众生之类，若卵生，若胎生，若湿生，若化生，若有色，若无色，若有想，若无想，若非有想，非无想，我皆令入无余涅槃而灭度之。如是灭度无量无数无边众生，实无众生得灭度者。何以故？须菩提，若菩萨有我相、人相、众生相、寿者相，即非菩萨。"

萬峰山人

四 妙行无住分

不著相的布施

不著相的布施

一　色布施

关怀众生的人

是菩萨心肠

帮助众生的行为

是在行菩萨道

必须

懂得施舍、放下

无论是

有形物质

无形物质

只要能力所及

都应做出施舍

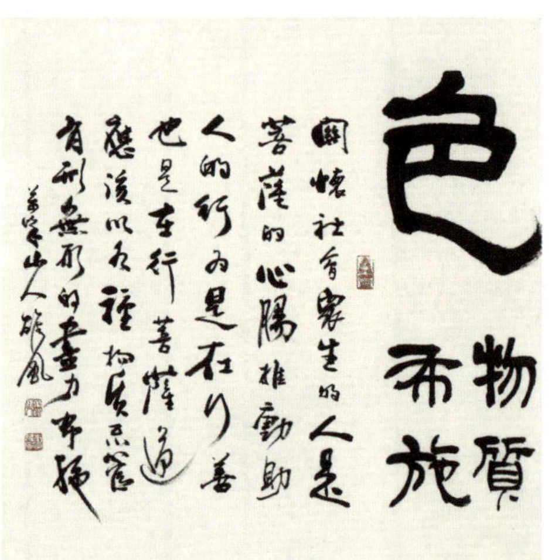

二　声布施

声音也能布施　　无限

一句鼓励　　信心

一句赞美　　喜悦

一句宽恕　　安慰

一句敬爱　　和乐

一句肯定　　自尊

一句关怀　　自强

一句爱语　　自爱

都给人带来　　满足

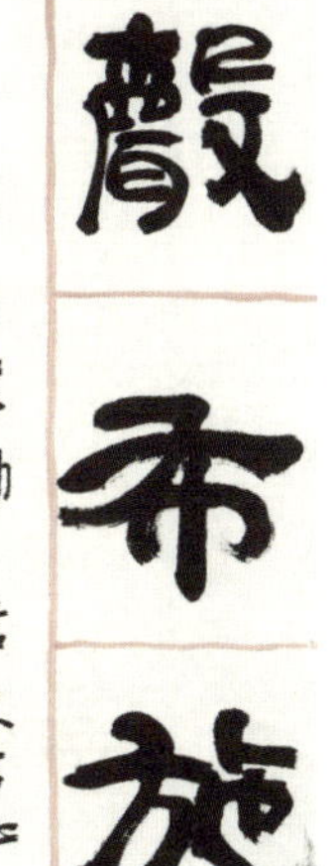

三　香布施

还有那些芬芳

　花香

　烧香

　末香

　熏香

　以至心香

都能令人

　喜悦

　轻松

　安详

　宁静

关怀社会的菩萨道行人

都应该用香来布施

四　味布施

世间的美味
作为布施
也能带给人们
　饱足
　欢喜
　安乐
能施能舍
关怀生命
分享资源
共享繁荣
才是人间天堂
菩萨道就是
普度众生
离苦得乐
布施是第一万行

五　触布施

无论是人

还是

其他生物

接触

总能带来更切实的感受

有时候

　轻轻一拍

　温情一抱

　真诚扶持

　需要时的拉一下

　上坡时的推一把

　困难时的助一臂

　危险时的扶一次

那些触动力

都可以用来施舍

带给人间温情

也是菩萨道行人

应该做的修行

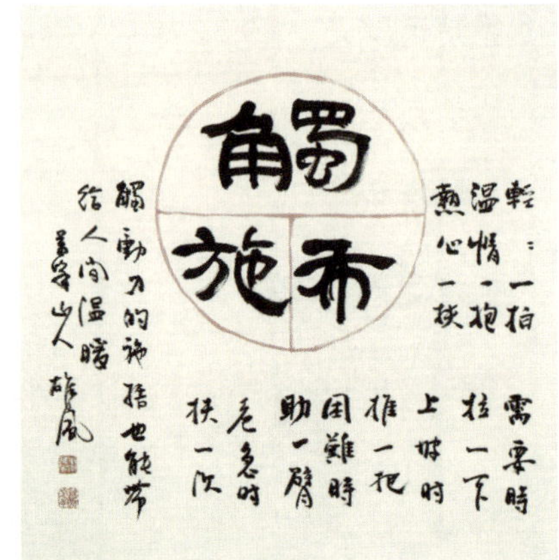

六　法布施

一个念头
可以变成行动
一种思想
可以产生影响
一个概念
可以生成理想
一个创意
可以成就事业
一个计划
可以实现梦想
一种信仰
可以充实心灵

虽然是形而上的
无形看不见的
是内心的
也都可以布施
心灵意识上的
无形布施
对人的影响
往往比物质更深远

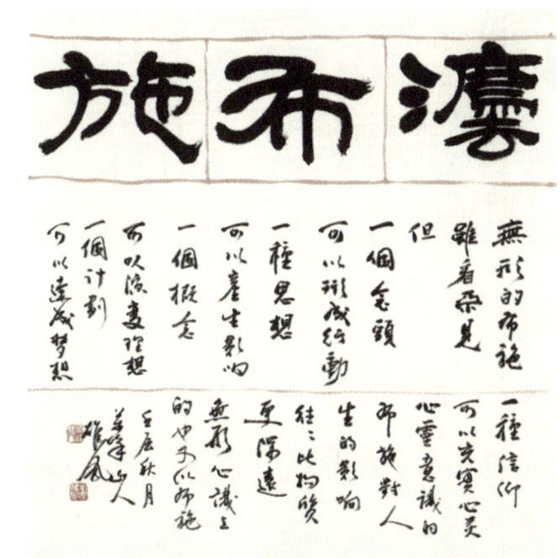

七 布施不著相

普通人行善
都不应该求回报
行菩萨道的人
即使做了
色声香味触法的布施
多到无法算数
细到无法观察
都不应该有所希求回报
更谈不上把布施
记挂在心头
留在记忆中
因为
行善不欲人知
才是真善
布施不存回报
甚至追忆
才算大布施

修行人的目的是成佛
只有修到
福德智慧
都圆满成就
才到达佛的境地

佛的福德是
做过无量的布施
救度无数的众生
像海水不可斗量
像虚空不可丈度
谁能测量那
东南西北
四维上下的
太空啊！
佛的功德就是这样
无量无边

因为是

无住相的

无追忆的

无边际的

不可思量的大福德

修菩萨道的人

须牢牢记住

无住相 无执著

的福德

才是佛法修行的

不可思量的福德

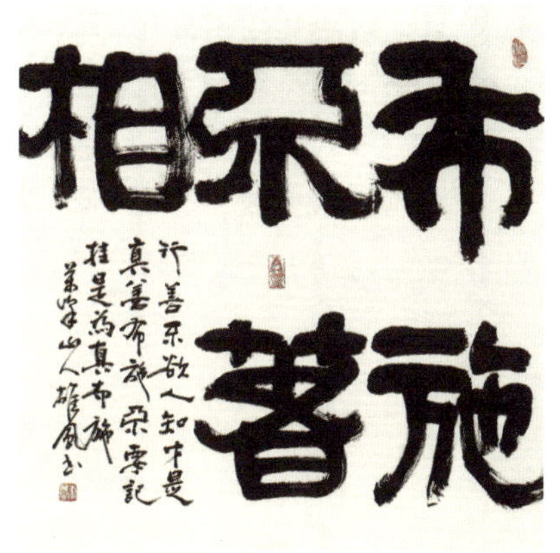

经文

“复次，须菩提，菩萨于法，应无所住，行于布施。所谓不住色布施，不住声、香、味、触、法布施。须菩提，菩萨应如是布施，不住于相，何以故？若菩萨不住相布施，其福德不可思量，须菩提，于意云何？东方虚空可思量不？”“不也，世尊。”“须菩提，南西北方、四维上下虚空可思量不？”“不也，世尊。”“须菩提，菩萨无住相布施，福德亦复如是，不可思量。须菩提，菩萨但应如所教住。”

凡所有相皆是虚妄若见诸相非相即见如来

五　如理实见分

如来不是身相

如来不是身相

如来的法身
清净寂静
不生不灭
不增不减
不来不往
是法界宇宙的
本体原始动力
肉眼无法见得到
能见到的
是报应身
也是变化身
报身和化身
都是幻化的
不实在
有起灭
只有不执著这些表相
那常寂清净法身
充满一切时
一切处
如如不动
才是真佛法身

“须菩提，于意云何？可以身相见如来不？”“不也，世尊，不可以身相得见如来。何以故？如来所说身相，即非身相。”佛告须菩提：“凡所有相，皆是虚妄，若见诸相非相，即见如来。”

佛告
須菩提
聞是章句
乃至一念
生淨信者
是諸衆生
無復我相人
相衆生壽者
法相亦無非法相
是故不應取法不應取非法
以是義故如來常說汝等比丘
知我說法如筏喻者法尚應捨何況非法
甲午季春 澍子 今三萬峰山人

六　正信希有分

对佛法要正信

对佛法要正信

众生
执著太重
总是
　我相
　人相
　众生相
　寿者相
分别个不停
执著认定
这些都是实有的相
佛
也应该有个佛相
而不知法身无相
佛示现人间时
大众容易相信
眼见的相
是虚幻的
应身佛
佛入灭千百年后
只有持戒修福者才能相信
凡所有相
都是虚幻
因为
那是经过多生多世
听闻无数佛法
长期种下
善根 慧根
生起的净信智慧
没有
我、人、众生、寿者相
也明了
佛的法身
清净无瑕
不生不灭
常自寂静
充满
一切时
一切处

不执著于眼见的相

是

有的 空的 非空非有的

应该听信佛所说法义

远离执著烦恼

心如虚空

包容宇宙

智如宝珠

光耀世界

佛法如渡河的船

众生坐船过河

登岸后

还在分析

船的样子

或背着船走吗?

要提得起

也要放得下

就如粮食

只作观赏

哪会饱呢?

必须要懂舍得

能舍才能得!

能舍能得

做人处世
努力学习
努力追求
争取到地位
争取到财富
除了自身享用
也应该
舍得回馈社会
去帮助人
行善的目的
不在于助人
而是让自己
得到喜悦
当我们帮助别人时
因为感同身受
所以得到快乐
同时肯定自己的价值
行善要达到
“不是帮助人”的心境
才能为自己内心生命
获得
难以估计
难以形容的
福德与快乐
这就是
能舍能得

佛法修行
舍弃执著
舍弃烦恼
才会迈向
无碍自在
智慧解脱的
成佛大道

经文

须菩提白佛言："世尊，颇有众生得闻如是言说章句，生实信不？"佛告须菩提："莫作是说。如来灭后，后五百岁，有持戒修福者，于此章句，能生信心，以此为实。当知是人，不于一佛二佛三四五佛而种善根，已于无量千万佛所种诸善根。闻是章句，乃至一念生净信者。须菩提，如来悉知悉见，是诸众生得如是无量福德。何以故？是诸众生无复我相、人相、众生相、寿者相，无法相亦无非法相。何以故？是诸众生，若心取相，则为著我、人、众生、寿者。若取法相，即著我、人、众生、寿者。何以故？若取非法相，即著我、人、众生、寿者。是故不应取法，不应取非法。以是义故，如来常说：汝等比丘，知我说法如筏喻者，法尚应舍，何况非法！"

心平何勞持戒行直何用修禪恩則親
養父母義則上下相憐讓則尊卑和
睦忍則眾惡無喧若能鑽木出火淤泥
定生紅蓮苦口的是良藥逆耳必是
忠言改過必生智慧護短心內非賢日
用常行饒益成道非由施錢菩提只向
心覓何勞向外求玄聽說依此修行西方
只在目前　六祖惠能大師句
癸巳春月　嵩峰山人　雄風

七

无得无说分

一切法都是佛法

一切法都是佛法

佛是大彻大悟的
“无上正等正觉”
梵文原音是
阿耨多罗三藐三菩提

可是
成就这个
无上正等正觉
没有一个固定的
不变方法
因为修佛法门
号称八万四千个
也即是法门无量

同时
佛所说的法
也没有一个固定的规则
佛法本来就存在
并非佛发明的

只是
在不同时间
不同地方
对不同众生
以不同方法表达
主要目的是
让听法者
明白领悟
开启智慧
进而身体力行
最终证悟到
与佛相同的
清净解脱智慧

所以
不要执著
任何佛法
不要误认为
任何佛法都是固定不变的真佛法

法华经说：

“一切世间法，皆是佛法”

楞严经说：

“方便有多门，归元性无二”

不要执著相

也不要执著法

“相是虚妄，法无定法”

真理只有一个

但领悟各有高低

是贤是圣

因悟到的不同

而有差别

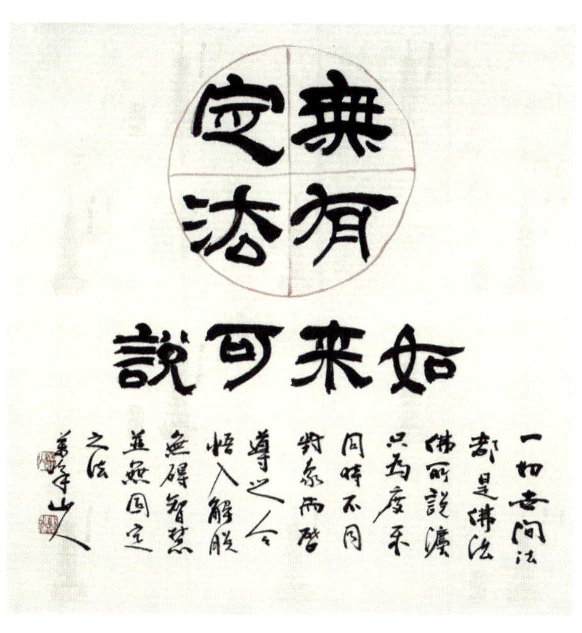

经文

“须菩提，于意云何？如来得阿耨多罗三藐三菩提耶？如来有所说法耶？”须菩提言：“如我解佛所说义，无有定法，名阿耨多罗三藐三菩提，亦无有定法，如来可说。何以故？如来所说法，皆不可取，不可说，非法非非法。所以者何？一切贤圣，皆以无为法，而有差别。”

八　依法出生分

福德与智慧

福德与智慧

金、银、琉璃、玻璃
砗磲、赤珠、玛瑙
是世间七种珍宝
如果有人用充满
三千大千世界数量的珍宝
作为布施
福德当然很多

但是
如要比较
有人读诵明白这部经
甚至四句偈:
“一切有为法，如梦幻泡影，
如露亦如电，应作如是观”
的真正意义
或者向人解说
这种福德更胜前者

原因是这部经
展示世间万事万物
都由因缘生灭
变幻无常的原理
让众生不沉迷于眼前欲乐
悟入清净解脱
证入无上正等正觉
圆满寂静的佛境
才是最高的庄严佛性福德

不过
这也只是一种修行方法而已
千万别执著方法就是真理
就如同用手指示月亮的方向
但手并不是月亮

“须菩提，于意云何？若人满三千大千世界七宝，以用布施，是人所得福德，宁为多不？”须菩提言：“甚多，世尊。何以故？是福德，即非福德性，是故如来说福德多。”“若复有人，于此经中受持，乃至四句偈等，为他人说，其福胜彼。何以故？须菩提，一切诸佛及诸佛阿耨多罗三藐三菩提法，皆从此经出。须菩提，所谓佛法者，即非佛法。”

九　一相无相分

修行证果次序

修行证果次序

从一个凡人
修到圣人的果
第一个阶位是须陀洹
也就是初果罗汉
这也叫做预流果位
已到进入圣人的队伍中
眼耳鼻舌身意六根
对色声香味触法六尘
不会再纠缠黏着
证入
世间事物都是缘起
身心世界进入性空状态
随顺生活 不著不住
心中不被事物缠绕
随缘起不生起
随缘灭不生灭
但，还需七次来往人间
才正式成阿罗汉圣果

第二阶位是斯陀含
这是二果罗汉
只需再一次来往人间
就能证得大阿罗汉果位
第三阶位是阿那含
色身灭后不需要再来人间
升入天堂直到证入四果罗汉
最后阶位是四果大罗汉
身心都已证入解脱
神通自在
来去自如
自主生死
不再三界[1]轮回
佛陀认为
须菩提已证得
离欲界阿罗汉
是解脱自在
常在寂静境界的阿罗汉

1. 佛教将凡夫的六道：天、人、阿修罗、畜生、饿鬼、地狱，分为欲界、色界、无色界三界。

经文

“须菩提，于意云何？须陀洹能作是念，我得须陀洹果不？”须菩提言：“不也，世尊。何以故？须陀洹名为入流，而无所入，不入色声香味触法，是名须陀洹。”“须菩提，于意云何？斯陀含能作是念，我得斯陀含果不？”须菩提言：“不也，世尊。何以故？斯陀含名一往来，而实无往来，是名斯陀含。”“须菩提，于意云何？阿那含能作是念，我得阿那含果不？”须菩提言：“不也，世尊。何以故？阿那含名为不来，而实无不来，是故名阿那含。”“须菩提，于意云何？阿罗汉能作是念，我得阿罗汉道不？”须菩提言：“不也，世尊。何以故？实无有法，名阿罗汉。世尊，若阿罗汉作是念，我得阿罗汉道，即为著我、人、众生、寿者。世尊，佛说我得无诤三昧，人中最为第一，是第一离欲阿罗汉。世尊，我不作是念，我是离欲阿罗汉。世尊，我若作是念，我得阿罗汉道，世尊则不说：须菩提是乐阿兰那行者，以须菩提实无所行，而名须菩提，是乐阿兰那行。”

佛世尊説、莊嚴佛者即非莊嚴
是名莊嚴應如是生清淨心不應
住色生心不應住聲香味觸法
生心應無所住而生其心

十

庄严净土分

无住生心的修行

无住生心的修行

作为修行人
只是随因缘
顺应自己的根基能力
精进不懈修学
不同阶段
有不同方法
遇到不同师长教导
学到不同法门体验
就如释迦牟尼佛
过去在燃灯佛世授记
当来之世成佛
也是一个因缘
并不是有什么固定的规律方法
修学菩萨道的人
是修清净心
世间万事万物
都是因缘起灭
毕竟空不常在
不应该对色声香味触法
生起执著心

即使随着修证的呈现
佛国净土庄严
也是方便的缘起
大多是愿力相应
依报所产生的
并不是实有的庄严佛国土
毕竟空中绝对清净
不是想象所能知道
只是名义上的庄严而已
唯有证到佛境界方能真实了知
法身是清净无瑕
遍满虚空法界的无量身
不生不灭
不垢不净
不增不减
不是肉眼所见
或想象所得的身
是充满一切处的大身

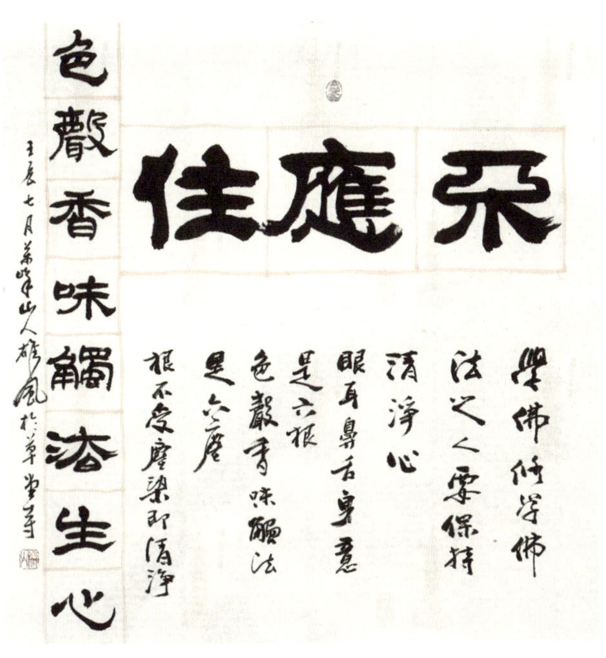

经文

佛告须菩提："于意云何？如来昔在燃灯佛所，于法有所得不？""不也，世尊。如来在燃灯佛所，于法实无所得。""须菩提，于意云何？菩萨庄严佛土不？""不也，世尊，何以故？庄严佛土者，即非庄严，是名庄严。""是故须菩提，诸菩萨摩诃萨，应如是生清净心，不应住色生心，不应住声香味触法生心，应无所住而生其心。须菩提，譬如有人身如须弥山王，于意云何？是身为大不？"须菩提言："甚大，世尊。何以故？佛说非身，是名大身。"

十一　无为福胜分

无为真实的福德

真实福德

人生短暂
也很渺小
平平凡凡
也一生
荣华富贵
也一生
穷困潦倒
也一生
终其一生
来时手空空
最后也归零

可贵的是
在这一生中
所获得的
能和人分享
曾经带给人快乐
或者帮助过其他众生
得到心灵的喜悦

而你的内心
能清楚世间是假有
一切事物都会散坏
现存会变为不存在
看不到存在的又存在

时间段上
或许存在善恶层面
过去了
也同归于不存在
造福苍生是公益好事
时间过去了
福德的美名也不存在了

人生过程
但尽本分面对生活
该学习的学习
该工作的工作
该助人的助人

该安静时安静

过去了

别记挂在心上

有形的就有体积

有存在的时间点

无形也就难见尽头

造福社会

也是眼前的福德

也是因缘起灭

缘散了

也随之而散

只有不执著

曾造过福

曾积过德

才是无有穷尽的

真实大福德

才是更有用的一生

才是更优胜的一生

才是更真实的一生

才是更美好的一生

无为福德

恒河的沙数
当然很多
三千大千世界的恒河沙
更是无量无数
难以计算
虽然难计算
毕竟还是有数量
终有完结，有尽头
只有性空的
毕竟空的
如虚空谁能丈量
哪有尽头

如果有人
以充满恒河沙数量的
三千大千世界的七宝
作为布施行善
表面福德当然很大
但，有形有数就会有尽头
因为，还在时间轮回中
可是
如果有人依照这部经的法义
思维修持
彻悟
空
有
即空即有
非空非有
并向他人解说
让更多人明了法理
悟入空性智慧
这种无为无形福德
更胜过前者

“须菩提，如恒河中所有沙数，如是沙等恒河，于意云何？是诸恒河沙，宁为多不？”须菩提言：“甚多，世尊。但诸恒河尚多无数，何况其沙。”“须菩提，我今实言告汝：若有善男子、善女人，以七宝满尔所恒河沙数三千大千世界，以用布施，得福多不？”须菩提言：“甚多，世尊。”佛告须菩提：“若善男子、善女人，于此经中乃至受持四句偈等为他人说，而此福德，胜前福德。”

十二　尊重正教分

尊重正法

尊重正法

慈悲的佛陀
又吩咐了
受持这部经
就算是只有
那四句偈的法义
谁能真正依照法义
修学得到成就
证悟入佛的智慧
他们所到之处
都会对他们恭敬供养
像供佛、供塔、供庙一样
因为
这个人
成就了世上难得稀有
解脱圣人的一员
他代表了这部经的法义所在
也就是佛的所在
是代表佛、代表法的弟子
才如此受到尊重恭敬

本来
每个众生
都是平凡的个体
没有被供养的特殊条件
只有相互尊重
但例外的是
假如你具备了
　度人向善
　度人迈向正道
　度人悟入空慧
　度人证得解脱
就代表了
　佛
　法
　佛塔庙
必定受人神
　敬仰供养
　尊重礼拜

经文

“复次，须菩提，随说是经乃至四句偈等，当知此处一切世间天人阿修罗，皆应供养，如佛塔庙。何况有人尽能受持读诵。须菩提，当知是人成就最上第一希有之法，若是经典所在之处，即为有佛，若尊重弟子。”

十三　如法受持分

宇宙与真如

宇宙与真如

这么玄妙的经义
这么高深的法理
能使人悟入性空
能使人证到智慧
能令人解脱成佛
究竟是什么经呢?
须菩提这一问
佛慈悲地说
这经的名字是
“金刚般若波罗蜜”
并语重心长地交代
必须恭敬谨慎地
持诵
学习
思考
证验其中的真正法义
可是
又不能作为神圣般地供奉
那不是用来供奉的名字
只是一个形容词叫
“金刚般若波罗蜜”
无上智慧的法门
才是本经的宗旨
通过性空智慧
到达了佛境岸上
还拖着这个渡河的法船吗?

佛陀只是教人
应该通过渡河
到达解脱的岸上
但并没有
规定人们
必须如何乘船
因为
众生各有不同
渡河的方法当然也不同
只有过河的道理
并无一定的方法

所以，佛并没有
固定地说一个法

万象纷陈
星空浩瀚的
三千大千世界
都是宇宙物质
像微细的尘粒组成
是无量无数
甚至
无法看到
无法感触得到
极细微
极极细微的
尘粒子
多到没有任何方法
可以算得清
就是这个世界
可是又不能认为它是微尘世界
只可形容其名为微尘而已

因为
这种无穷无尽的组合
无量无数的互融
是极其迅速的变化
极其广泛的穿越
没有边际的空间
没有休止的时间
永远无常变迁
永远不会停止
一切现象
都是暂时的
形容也是
假名的世界
不是真实世界

现前的世界
只是暂时的现象
那么释迦牟尼佛
具足了三十二种好相[1]
是否真实呢？

1. 是指转轮圣王及佛之应化身的三十二种特殊微妙身相。

不是的

眼前众生看到的相

也只是报应身

甚至变化身

是适应当前世界

而化现的好相

名为三十二相

并非真实存在

灭后也是归于空的

毕竟空才是

这部经的宗旨

性空无量广大

性空没有边界

性空融古通今

性空旷劫穿越

性空万法呈现

性空万物互融

尔时，须菩提白佛言："世尊，当何名此经？我等云何奉持？"佛告须菩提："是经名为金刚般若波罗蜜，以是名字，汝当奉持。所以者何？须菩提，佛说般若波罗蜜，即非般若波罗蜜，是名般若波罗蜜。须菩提，于意云何？如来有所说法不？"须菩提白佛言："世尊，如来无所说。""须菩提，于意云何？三千大千世界所有微尘，是为多不？"须菩提言："甚多，世尊。""须菩提，诸微尘，如来说非微尘，是名微尘，如来说世界，非世界，是名世界。须菩提，于意云何？可以三十二相见如来不？""不也，世尊。不可以三十二相得见如来，何以故？如来说三十二相，即是非相，是名三十二相。""须菩提，若有善男子、善女人，以恒河沙等身命布施，若复有人，于此经中，乃至受持四句偈等，为他人说，其福甚多。"

善緣
行盡天涯仍有路
萬峰

十四　离相寂灭分

大因缘的慧解

大因缘

听闻
金刚般若波罗蜜的智慧
是多生因缘福报
明了经义
是宿世慧根
深入悟解
是大因缘的慧根
须菩提尊者
闻法深深解悟
当下身心震动
凡躯脱落
灵光澈耀
惊喜落泪
未曾有过的感觉
这是人生大事
感叹！慨叹！惊叹！

慧解呈现

有人
同样的机会
听闻经的义理
一念诚信
信心清净
妄想
当下停了
多生慧解显现
身心性命及时挣脱
无量劫以来的
执著烦恼缠绕纠结

放眼天地万物
都是般若智慧
整个宇宙世界
所有生命群类
无非都是因缘生灭法

只有涅槃寂静境界
既不生灭
也无来去
一念万年亿劫
三千大千世界
无非性空般若实相
稀有难得
无量功德
功德无量

经文

尔时，须菩提闻说是经，深解义趣，涕泪悲泣！而白佛言："希有，世尊。佛说如是甚深经典，我从昔来所得慧眼，未曾得闻如是之经。世尊，若复有人得闻是经，信心清净，即生实相。当知是人成就第一希有功德。世尊，是实相者，即是非相，是故如来说名实相。"

离相见佛

其实
般若实相
就是菩提
也就是
　涅槃
　真如
　如来藏
　佛
　如来
等的别名
见实相即见佛
但那也只是名称而已
不应该著相
以为有一个实相可得
须见相不是相
才证到真如的
佛境界
须菩提尊者
慧根深厚

听闻经义
解悟般若性空不难
未来佛灭后五百世
听到金刚经
生起信心悟入空慧
身心证入受用
这个人是世间难得的
第一人
已悟入
　无我相
　无人相
　无众生相
　无寿者相
深解性空般若法理
所有现象
虚妄无真实
离一切相
不生不灭
才是法身佛

“世尊，我今得闻如是经典，信解受持，不足为难。若当来世后五百岁，其有众生得闻是经，信解受持，是人即为第一希有。何以故？此人无我相、无人相、无众生相、无寿者相。所以者何？我相即是非相，人相、众生相、寿者相，即是非相。何以故？离一切诸相，即名诸佛。”

第一波罗蜜

后世有人

得闻般若波罗蜜妙法

心中

　不惊叹

　不惶恐

　不畏惧

这种人是非常稀有的

这是第一波罗蜜

是解悟智慧

到达彼岸的人

但

又不可执著这波罗蜜

那只是

为了方便引导众生

说成第一波罗蜜而已

经文

佛告须菩提："如是，如是。若复有人得闻是经，不惊不怖不畏，当知是人甚为希有。何以故？须菩提，如来说第一波罗蜜，即非第一波罗蜜，是名第一波罗蜜。"

忍辱波罗蜜

修菩萨道的人

六度万行的

忍辱波罗蜜

不对被辱情境发怒

能忍难忍

恬然对待

是修行人必须的操守

成就忍辱波罗蜜

是缘生法

忍辱

也本性空无相

　外无辱之境

　内无忍之心

　物我两忘

　不执著有忍辱之事

为了引导众生修行的

方便名称是

“忍辱波罗蜜”

无我人众生寿者相

佛在过去生中
被哥利王支解身体时
因修行解悟已达到
无我、人、众生、寿者四相境界
没有生起忿恨心
另外
在过去的前五百世
做忍辱仙人修行时
也离我、人、众生、寿者四相
是得力于历劫以来
顿悟了真空法义所致
我、人、众生、寿者都是空性
何来被辱呢

菩萨修行
应当空心不住
离一切相
才能发无上正等正觉菩提心
心中不执著色声香味触法
应生无所住心
如果执著这六尘
就无法解脱住心
菩萨道的修行者
心本来是虚明的
不会被六尘环绕
圆融无碍

经文

"须菩提，忍辱波罗蜜，如来说非忍辱波罗蜜，是名忍辱波罗蜜。何以故？须菩提，如我昔为歌利王割截身体，我于尔时，无我相、无人相、无众生相、无寿者相。何以故？我于往昔节节支解时，若有我相、人相、众生相、寿者相，应生嗔恨。须菩提，又念过去于五百世，作忍辱仙人，于尔所世，无我相、无人相、无众生相、无寿者相。是故，须菩提，菩萨应离一切相，发阿耨多罗三藐三菩提心，不应住色生心，不应住声香味触法生心，应生无所住心，若心有住，即为非住，是故佛说菩萨心，不应住色布施。"

嵐烟雨寺
萬峰山人

虚妄众生

行菩萨道六度万行

为了利益一切众生

应该无相布施

真如本体毕竟空

不是相

缘起缘灭的万法

以至一切众生

都无真实永恒

进入佛境界的众生也是虚妄

不算是

实有的众生

经文

“须菩提，菩萨为利益一切众生故，应如是布施，如来说一切诸相，即是非相，又说一切众生，即非众生。”

般若不可著相

般若波罗蜜
是无上菩提
是真而妄
实而不虚
无实无虚
如常不变
是真如无相
是种种因缘起灭
无实性
是法性自足
不因起灭而有增减

菩萨修行者
必须时常自我警醒
布施也好
忍辱也好
性空般若就是不可著相
如月亮游于虚空
光华圆满
不受云层遮挡

佛性无著 功德无量

著相布施
就像进入暗室中
一无所见
不执著于事物
如同张开眼睛
能看清景象

佛入灭后
如有人能够
读诵接受解悟
这部金刚经
就会成就
佛性如来
无量无边功德

经文

“须菩提，如来是真语者、实语者、如语者、不诳语者、不异语者。须菩提，如来所得法，此法无实无虚。须菩提，若菩萨心住于法而行布施，如人入暗，即无所见；若菩萨心不住法而行布施，如人有目，日光明照，见种种色。须菩提，当来之世，若有善男子、善女人，能于此经受持读诵，即为如来，以佛智慧，悉知是人，悉见是人，皆得成就无量无边功德。”

十五　持经功德分

受持佛经功德

受持佛经功德

佛法
是以启发智慧
解悟世间万法
本体都是
缘起性空
不执著于
世间尘劳
心灵解脱自在

修行
不只是在求福
就算日日以身命行善布施
数量如恒河沙那样多
经历百千万劫时间
也只是有漏的福报
得不到解脱
听闻般若经的法义
悟入佛智慧
并弘扬度人
福德还会胜过前者
佛说的般若性空法义
是为有慧根的大乘人说的
也是为最上乘人说的
这些众生
是佛深知
会成为
肩负如来家业的人
是成就无上正等正觉的人
所以
金刚般若经所在之处
就是佛的无上法义
就像佛塔一样
受到一切世间天人神众
恭敬围绕
散花燃香供养

“须菩提，若有善男子、善女人，初日分，以恒河沙等身布施；中日分，复以恒河沙等身布施；后日分，亦以恒河沙等身布施，如是无量百千万亿劫，以身布施。若复有人，闻此经典，信心不逆，其福胜彼，何况书写受持读诵，为人解说。须菩提，以要言之，是经有不可思议、不可称量无边功德。如来为发大乘者说，为发最上乘者说。若有人能受持读诵，广为人说，如来悉知是人，悉见是人，皆得成就不可量、不可称、无有边、不可思议功德。如是人等，即为荷担如来，阿耨多罗三藐三菩提。何以故？须菩提，若乐小法者，著我见、人见、众生见、寿者见，则于此经不能听受读诵，为人解说。须菩提，在在处处，若有此经，一切世间天人阿修罗所应供养。当知此处即为是塔，皆应恭敬作礼围绕，以诸华香而散其处。”

佛說受持讀誦金剛經
若有人輕賤先世罪業
則為清滅

十六　能净业障分

般若消除业障

能净业障

罪业
是身口意业的
一切行为
留下的无形牵引力
如影随形
跟随在生生世世的生活中

过去的宿世罪业
今生遇到时机成熟
就会发生
今生所造的业
轮回到来生
又再出现还报
轮回不息，没有休止
本来众生的业
也是虚妄的
只因迷于境物
造了虚妄之因
只好受虚妄之果了

或许
修习金刚般若经义
会被人误解嘲笑
而自己并无怨嗔，赞叹

也没有惊喜
心无挂碍
不为物转
境随心转
观空寂静
这时
那些过去罪业
没有可报的对象
不存在虚妄而消失
就能证入无上正等正觉的佛果

“复次，须菩提，若善男子、善女人，受持读诵此经，若为人轻贱，是人先世罪业应堕恶道，以今世人轻贱故，先世罪业则为消灭，当得阿耨多罗三藐三菩提。”

解经胜于供佛

释迦牟尼佛
于过去无量劫中
在燃灯佛前
遇到过无数佛
都曾经全心全意供养
虔诚求法
积聚无量功德

如果
未来的人读诵此经
见自本性
永离轮回
这样的持诵功德
比佛陀之前多劫供养佛的
还要大到无法计算
千万亿倍

经文

“须菩提，我念过去无量阿僧祇劫，于燃灯佛前，得值八百四千万亿那由他诸佛，悉皆供养承事，无空过者。若复有人于后末世，能受持读诵此经，所得功德，于我所供养诸佛功德，百分不及一，千万亿分，乃至算数譬喻，所不能及。”

不可思议的般若

读经不明经
如鹦鹉学人语
听经不解经
就像风过耳
佛说般若法义
是让人证入
佛智慧的
缘生性空
不生不灭
出离轮回
寂静涅槃
功德无量无边
慧根浅者
或会狐疑不信
其实
这般若性空法义
真是不可思议的

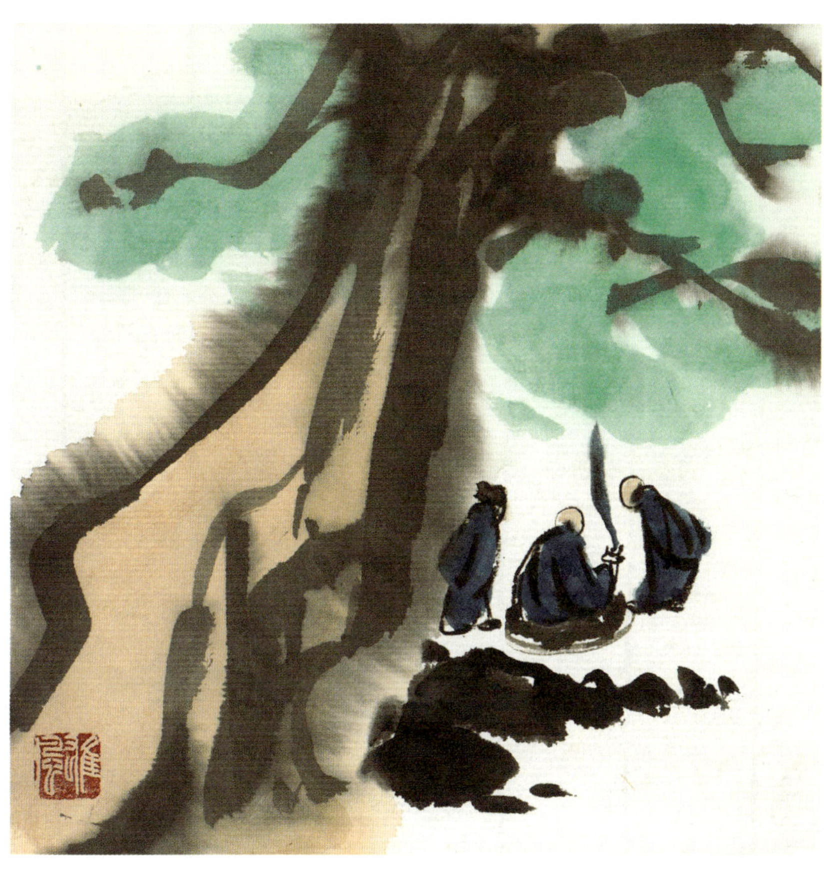

经文

“须菩提，若善男子、善女人，于后末世，有受持读诵此经，所得功德，我若具说者，或有人闻心即狂乱，狐疑不信。须菩提，当知是经义不可思议，果报亦不可思议。”

十七　究竟无我分

世间都是因缘假象

究竟无我

眼前的我

只是暂时的生命现象

是物质合成的身体

是生生世世执著的神识

和各种因缘聚集

存在于一段时间的生命体

并非永久的我

随着无常变迁

最终因缘散坏而消失

是究竟没有实在的我

有我就有轮回

众生因为妄想分别

执著有我和我的所有

就生起

妄想

爱憎

取舍

贪嗔

嫉妒

各种烦恼

就会有

我相

人相

众生相

寿者相

被各种形式障碍

缠缚蒙蔽

在虚妄生死轮回中

没有休止

寂静无生的自在

修道的菩萨
发无上正等正觉心
必须去救度
沉沦苦海的众生
让其明了
　世间尘劳蒙蔽真心
　才会轮回生死苦海
解悟世界都是虚幻

远离执著
远离苦恼
趋向寂静
智慧解脱
透彻生命现实
不住喜怒哀乐
不著成败得失
不贪名利财色
不惧生老病死
随顺因缘生灭
不著相
就不执著有众生可度
不执著有法可得
不执著有佛可成
无法可得
无生可度
无佛可成
常住寂静的
光明清净法界
光光相入
物物互融
无碍自在

尔时，须菩提白佛言："世尊，善男子、善女人，发阿耨多罗三藐三菩提心，云何应住？云何降伏其心？"佛告须菩提："善男子、善女人，发阿耨多罗三藐三菩提心者，当生如是心。我应灭度一切众生，灭度一切众生已，而无有一众生实灭度者。何以故？须菩提，若菩萨有我相、人相、众生相、寿者相，即非菩萨。所以者何？须菩提，实无有法，发阿耨多罗三藐三菩提心者。"

如来无法可得

修行
最终是成佛
在多生多世的
修行过程中
从有为福德
到无漏智慧
从有到空
从空到有
亦空亦有
非空非有
都
不外乎为了
破我执、法执
终究无法可得
才能摆脱尘劳
业障净尽
烦恼净尽
尘沙烦恼尽

成就
无上正等正觉
但不是
有所得的法
诸法实相是
佛法界寂静自在
光明遍照
圆满无碍

经文

“须菩提，于意云何，如来于燃灯佛所，有法得阿耨多罗三藐三菩提不？”“不也，世尊。如我解佛所说义，佛于燃灯佛所，无有法得阿耨多罗三藐三菩提。”佛言：“如是，如是。须菩提，实无有法，如来得阿耨多罗三藐三菩提。须菩提，若有法，如来得阿耨多罗三藐三菩提者，燃灯佛则不与我授记。汝于来世，当得作佛，号释迦牟尼。以实无有法，得阿耨多罗三藐三菩提，是故燃灯佛与我授记；作是言，汝于来世当得作佛，号释迦牟尼。何以故？如来者，即诸法如义，若有人言如来得阿耨多罗三藐三菩提，须菩提，实无有法佛得阿耨多罗三藐三菩提。”

世间都是因缘假象

本性空寂
不染不著
是自修自悟而成
平等无差别的实相
是真相妙法
无实无虚
无法以言语形容
佛法所讲的一切法
只是假借的名称
并非实有一切法

大与小
高与低
长与短
多与少
有与无
来与去
升与降
宽与窄
古与今
好与坏
世间上的种种形容
都是时间空间上
暂时因缘的
缘起缘灭现象
都是假借名称

一切法都是佛法
一切法都是缘起
一切众生都是缘生
我、人、众生、寿者
都无自性
修行者不应著于相
才是佛法本意

真菩萨行

菩萨道修行者

六度万行

自度

度人

布施

持戒

忍辱

精进

禅定

智慧

是必须完成的

圆满福慧

度众生的

庄严佛国土愿行

但

应当本着诸法无我

世间虚幻

众生虚妄

缘生法的佛土也都归于

虚妄性空

是假名的庄严

这样的菩萨行

才是真菩萨

经文

“须菩提，如来所得阿耨多罗三藐三菩提，于是中无实无虚，是故如来说一切法皆是佛法。须菩提，所言一切法者，即非一切法，是故名一切法。须菩提，譬如人身长大。”须菩提言：“世尊，如来说人身长大，即为非大身，是名大身。须菩提，菩萨亦如是，若作是言，我当灭度无量众生，即不名菩萨。何以故？须菩提，实无有法名为菩萨。是故佛说一切法，无我、无人、无众生、无寿者，须菩提，若菩萨作是言，我当庄严佛土，是不名菩萨。何以故？如来说庄严佛土者，即非庄严，是名庄严。须菩提，若菩萨通达无我法者，如来说名真是菩萨。”

過去心不可得現在心不可得未來心不可得

十八 一体同观分

五眼三心

五眼

肉眼

凡人都具有

能看见各种色相形体

光彩变化

天眼

天界人所有

能看到大千世界

远距离空间物体

都没有阻碍

慧眼

罗汉果位圣贤才有

能反观内照

见自性般若

智慧通达一切法

都无我性空

法眼

菩萨所具有

能见如幻缘起

了知诸法皆空

通达一切众生因果

以各种方法度化众生

佛眼

诸佛都具有

能圆满澈见

空假不二中道

放大光明

普照法界

破除一切幽暗

怜悯众生

慈眼观察

经文

“须菩提，于意云何？如来有肉眼不？”“如是，世尊，如来有肉眼。”“须菩提，于意云何？如来有天眼不？”“如是，世尊，如来有天眼。”“须菩提，于意云何？如来有慧眼不？”“如是，世尊，如来有慧眼。”“须菩提，于意云何？如来有法眼不？”“如是，世尊。如来有法眼。”“须菩提，于意云何？如来有佛眼不？”“如是，世尊，如来有佛眼。”

三心

佛眼观世间
无量无数
三千大千世界中
迷蒙轮回的众生
需要佛来救度
众生心思颠倒妄想
随妄情变迁
逐幻境生灭
不明白常住真心
是寂然不动的
过去的心思不能滞留
现在的心思不可执著
未来的心思不能预期
众生妄情中的
喜怒哀乐
爱恶悲恐
生无数烦恼
干扰寂静真心
只有般若性空反观内照
澈见本体真心
不随流转
净心安住
才是菩提的真心

经文

“须菩提，于意云何？如恒河中所有沙，佛说是沙不？”“如是，世尊，如来说是沙。”“须菩提，于意云何？如一恒河中所有沙，有如是沙等恒河，是诸恒河所有沙数佛世界，如是宁为多不？”“甚多，世尊。”佛告须菩提：“尔所国土中所有众生，若干种心，如来悉知。何以故？如来说诸心皆为非心，是名为心。所以者何？须菩提，过去心不可得，现在心不可得，未来心不可得。”

十九 法界通化分

无限福德

无限福德

世间财宝

金银珠宝

玉石水晶

琥珀玛瑙

其实都是石质矿物

因为有人喜好把玩

就当作是宝物

即使以布满大千世界的数量

用作布施

仍然是有形的福德

世人眼中

福德很多

佛法观点

那都不是实在的

不算真正大福德

如果有人

以无住相布施

以无求福之心布施

那是无为清净功德

是真正无限的福德

现实人生的财富观

对于财富
无论学佛与否
都应当认知
资源
是人类共有的
有人通过努力
在某个时间段上
某个环境中
或许拥有的比别人多
只可说是
一种等同付出获得的回报

追根究底
资源是同时代人共有的
个人只是暂时拥有而已
因为
出生时并未带来
去世时何尝带走分毫
请回顾远古人类
群体取得食物
无不是共同分享
互助扶持
才让人类
得以抗御天灾与兽类侵害
繁衍生息

后来的生存规则
是祖先为了公平
避免争端
定下公私财产法制
以维护长久的和谐
今天的拥有
也只享用一生
最多只能延续子孙
哪有一代至百代的长久

公平原则是
不管劳心劳力

多劳多得

不劳而获

不符合群族生存原则

就算法律保障所得

后代继承

如果永远靠不劳而获

挥霍无度

最终也会散败

无私无我

无欲无求地

奉献

身心清净地

行善

一定成就

无限的福德

所以

对财富

应取之于社会

用之于社会

懂得积聚

也知道回馈

才是符合生存的规则与天理

参与文化建设

参与慈善事业

支持教育工作

支持正确信仰

这样造福人群

才是真福德

“须菩提，于意云何？若有人满三千大千世界七宝以用布施，是人以是因缘得福多不？”“如是，世尊，此人以是因缘，得福甚多。”“须菩提，若福德有实，如来不说得福德多，以福德无故，如来说得福德多。”

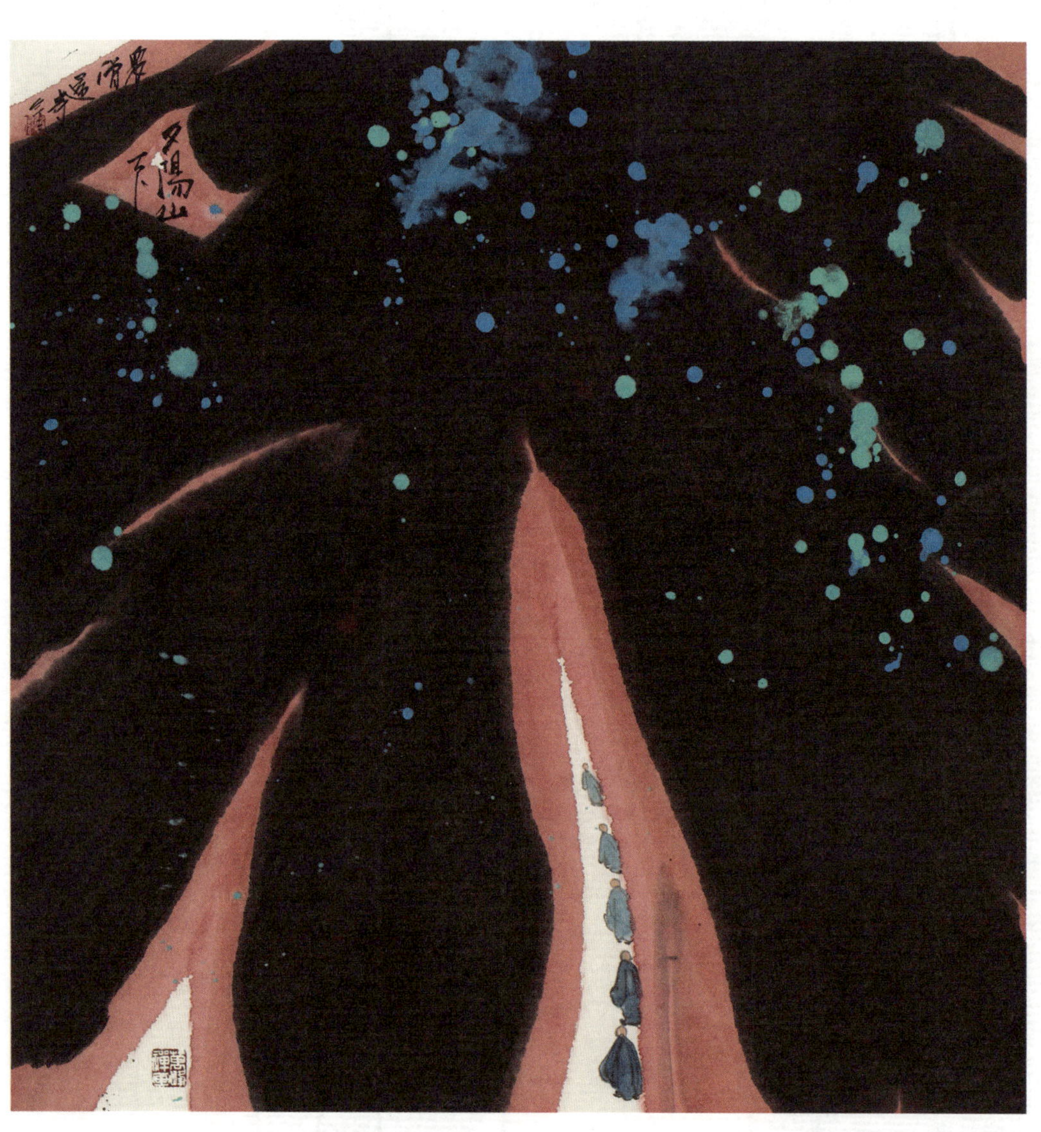

夕陽山下
衆僧還寺

二十　离色离相分

佛非色相

具足相不是佛相

释迦牟尼佛
是化身示现
从凡夫修成的
这是给世人的榜样

佛境界是法身常住
遍满虚空法界
无时不在
无处不在
就像光明遍照一切处

世人眼见的佛
虽有三十二好相
也只是暂时的色身
就算庄严具足
最终也会散坏

世间有形物质
都有生灭周期
无常变迁不会长久
见到自性清净本体
才见到真正常住佛身

经文

“须菩提，于意云何？佛可以具足色身见不？”“不也，世尊，如来不应以具足色身见。何以故？如来说具足色身，即非具足色身，是名具足色身。”“须菩提，于意云何？如来可以具足诸相见不？”“不也，世尊，如来不应以具足诸相见。何以故？如来说诸相具足，即非具足，是名诸相具足。”

二十一　非说所说分

佛法与世间法

说法的意义

如来说法
是为
解除众生执著
究竟无有实法可得

佛说法是无有定法的
是随众生的慧根深浅
以不同方法讲演教导
未尝有说法的念头

如果有人认为
如来有所说法
是不了解佛的真正道理
就如同谤佛了

真空妙理
口头难说得尽
原来也无定法
为解除众生妄心
了悟真理
证入佛智
假借名义
称作说法
实在并没说法

佛法不离世间法

现实人生中
提倡兴办教育
启发人们知识
甚至开启智慧
也与佛法的教育类同

文化工作
文字传播
艺术创作
音乐演艺
带给现前人生
精神慰藉
为社会人群的身心生活
减少浮躁
创造平静和谐
也与弘法度人
功德吻合

我人生存环境
是长期延续
世代依存所在
能维系社会平稳
使世代安居乐业
今生来世的社会
都在蒙受福利
全都不应计较
为社会付出
自己得到什么回报
但求尽一份人类本分
开启人们智慧
成就祥和世代
心灵有所依归
这和佛陀说法度人
同样具有高尚意义
学佛人应当有此胸怀
让众生离苦得乐

“须菩提，汝勿谓如来作是念，我当有所说法，莫作是念。何以故？若人言如来有所说法，即为谤佛，不能解我所说故。须菩提，说法者，无法可说，是名说法。”

假名众生

众生
有生命存在
是幻相
都是因缘所生

佛性
是不生不灭的
众生也有佛性
本来也是佛

能够反照
明心见性
修证到无我境界
了知自性本空
就等同于佛
不是众生
也不是非众生
假名为众生

经文

尔时，慧命须菩提白佛言："世尊，颇有众生于未来世闻说是法，生信心不？"佛言："须菩提，彼非众生，非不众生，何以故？须菩提，众生众生者，如来说非众生，是名众生。"

二十二　无法可得分

众生平等的佛法

佛并无法可得

自性菩提
人人具足
不是向外面求得的
正等正觉的菩提心
也是本来具备的
因为了悟证入
成就正觉
原来
无众生可度
亦无能度的自身
佛性平等
本无生灭
也不增减
如如不动
哪有一法可得

众生平等

我人生存于天地间
本来人人都有平等权利
包括
　教育
　行动
　言论
　自由
　就业
　婚姻
　行善
　信仰

各种人类维护生命的
共同法理规范
不应该有谁比别人多
比别人特殊的
不平等
否则
就违背了
人类平等
众生平等
佛性平等

经文

须菩提白佛言："世尊，佛得阿耨多罗三藐三菩提，为无所得耶？"佛言："如是，如是。须菩提，我于阿耨多罗三藐三菩提，乃至无有少法可得，是名阿耨多罗三藐三菩提。"

二十三 净心行善分

善法

佛陀说法
为度一切众生
证入无上正等正觉
菩提自性
人人具足
与佛相同
没有高下
佛性平等
无我、人、众生、寿者四相
无虚妄尘念蒙蔽
能修明心见性
一切善法
其实
本有觉性
无善无恶
六度万行善法
亦为度虚妄众生
真修本无修
真善亦非善
如
　水中月
　镜中花
　幻中现有
　有中是幻
善法
也只是假名

善福

善福
是行善布施
乐助众生解决困难
积聚世间福报
在生命轮回中
得到享福回报
福尽还在三界中轮转

无尽福
是依照般若性空修行
福德没有穷尽

明理智
是集世间知识与智慧
能明白一切事理
但仍在尘相中
难免事物的障碍

虚空智
能明了世上
一切色相虚空都是虚妄
业障不生

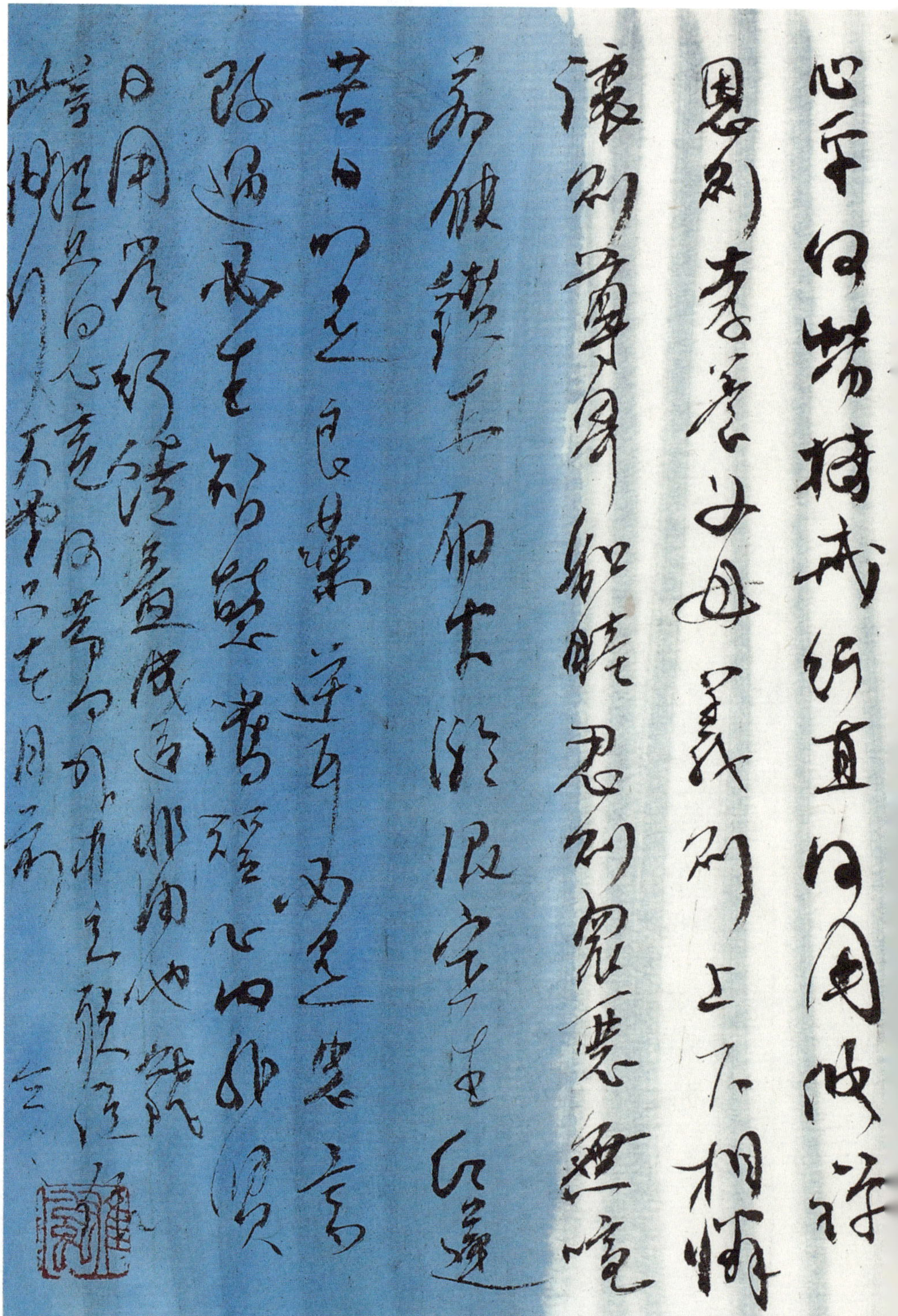

经文

“复次，须菩提，是法平等，无有高下，是名阿耨多罗三藐三菩提。以无我、无人、无众生、无寿者，修一切善法，即得阿耨多罗三藐三菩提。须菩提，所言善法者，如来说即非善法，是名善法。”

二十四　福智无比分

高尚的福德智慧

超胜的福德智慧

佛法形容
以须弥山为中心的世界
周围还有很多小世界
如果
以三千大千须弥山世界
有人用这么多数量珍宝布施
所得功德
还不如以下这些人
所得福德千万亿分之一
他们读诵解悟
金刚般若波罗蜜经
甚至用四句偈
　空
　有
　即空即有
　非空非有
的道理为人讲说
助人了悟空性
证入佛智慧

其实
这种无为福德
是无法计算
无法形容的

高尚的福德

行善

是高尚的行为

施舍

是没有回报的付出

不应存有目的

有目的的施舍

是图谋

助人

是出于乐意的帮忙

望回报的助人

是计算

义行

是一种无偿的奉献

求偿还的义行

是私欲

所以

真正善法是

无欲无私

不为善念的真善

经文

"须菩提，若三千大千世界中，所有诸须弥山王，如是等七宝聚，有人持用布施。若人以此般若波罗蜜经，乃至四句偈等，受持读诵，为他人说，于前福德百分不及一，百千万亿分，乃至算数、譬喻所不能及。"

金剛經云：
實無有衆生如來度者若有衆生
如來度者如來則有我人衆生
壽者如來說有我者則
非有我而凡夫之人以為
有我凡夫者如來即
非凡夫是名凡夫
萬峰山人

二十五　化无所化分

无我的超脱

无我的超脱

佛
觉悟了
无人我
成佛
众生
迷惑颠倒
有人有我
妄生分别
执著烦恼
就是众生

佛的觉悟
是自己看透
世间事物
一切都是因缘组合
不执著
不迷恋
坦然对
能放下

众生的迷惘
是把身外事物
看作真实
追求不止
贪恋不息
执著不放

佛以悲悯心
指示一条明路
让众生自己
去探索实践
最终得到觉悟
摆脱苦海沉沦
就像做梦的人
梦中明明有
山河大地
人我得失
好恶美丑
悲欢离合

醒来

一切景象全消失

迷时的梦境

是自己的迷

醒来梦散

是自己的觉醒

佛是大觉悟者

是自己觉醒者

众生是迷惑的

是自迷的

佛只是给予教导

众生是自度自悟

佛并无代人醒觉

众生也只是

暂时的迷惑

迷与悟

只有自己掌握

佛境界

是如如不动

无众生可度

无佛可成

教化众生

就像是

梦中佛事

是水月镜花

佛

是不生不灭

无我无人

无众生

无寿者

通达无我真理

无圣者无凡夫

常乐我净

经文

“须菩提，于意云何？汝等勿谓如来作是念，我当度众生。须菩提，莫作是念。何以故？实无有众生如来度者，若有众生如来度者，如来则有我人众生寿者。须菩提，如来说有我者，即非有我，而凡夫之人以为有我。须菩提，凡夫者，如来说即非凡夫，是名凡夫。”

世尊說：若以色見我
以音聲求我是人
行邪道不能見如來
鷲峰山人

二十六 法身非相分

法身不是相

法身不是相

如来法身遍法界
不能著相去观如来
众生都具有清净法身
与佛无异
不是肉体之相

佛示现三十二相
是福德深厚的人
转生获得的报身
就像转轮圣王也有
并不是
有三十二相就是佛
佛是从心证得

一切外相
都是假相
虚幻之相
都无真实
不可著相
不可著于声
那是向外求的邪道
证佛由心证
见佛由心见
是正知
　正见
　正思维

经文

"须菩提，于意云何？可以三十二相观如来不？""须菩提言："如是，如是，以三十二相观如来。"佛言："须菩提，若以三十二相观如来者，转轮圣王，即是如来。"须菩提白佛言："世尊，如我解佛所说义，不应以三十二相观如来。"尔时世尊，而说偈言："若以色见我，以音声求我；是人行邪道，不能见如来。"

二十七　无断无灭分

圆满福德不断灭

圆满福德不断灭

成佛
是修行圆满福慧的
六度万行后
成就三十二相八十种好
示现的报应身
但不能执著于
这具足色身就等于佛身
也并非
　空的
　断灭的
　没有的

只是修善行积集福德
都达到具足圆满
呈现的
一种象征表象
不是什么都没有的
空无

如果认为
不修六度善法
圆满具足万行
示现具足身相
也能成就无上正等正觉
那是错的
　是断灭的
　是空无的
观念

只有不著相的思维
不著相的修行
才是正确的见解
正确的修行
呈现圆满具足身相
不落于断灭空无邪见
成就无上正等正觉

应实践六种万行

佛
是从凡夫修成的
凡夫应该做的是
实践六种万行功德
不分种族亲疏地

布施
以各种有形无形
物质精神的施舍
帮助有困难、有需要的众生
令他们脱离困境
满足喜乐

持戒
对自身的行为思想
都必须克制规范
不伤害其他众生
甚至对周遭环境
都不造成破坏

忍辱
能忍受各种
　苦难
　责难
　讥笑
　欺凌
　诈骗
　讽刺
　怒骂
　坑害
　冤屈
　甚至伤害侮辱
以免伤了天地和气

精进
对于各种有益于心智的
科学
知识

文学
哲理
文化
宗教
都努力地
不懈吸收学习
以充实人生

禅定
生活在各个时代环境
都有许多挑战
身心难免陷于
　疲劳
　烦躁
　抑郁
　忧虑
　愤慨
影响情绪
如能安排时间
进行静思静坐
身心入于宁静
是人生的调养机会
有助健全身心

智慧
理性的人生
看透事物
看清事情
心地自然宽广
明了人生宗旨
明了世界关系
思想清晰灵敏
达观坦荡平和
圆融喜悦自在
这才是福德智慧
都圆满的功德
是凡夫到圣人的果位
点滴积聚而成
是善因善果的成就
是圣因圣果的成就
不落空　不断灭
非空无
经历多生多世的
修习实践

经文

“须菩提，汝若作是念，如来不以具足相故，得阿耨多罗三藐三菩提。须菩提，莫作是念，如来不以具足相故，得阿耨多罗三藐三菩提。须菩提，汝若作是念，发阿耨多罗三藐三菩提心者，说诸法断灭。莫作是念，何以故？发阿耨多罗三藐三菩提心者，于法不说断灭相。”

二十八 不受不贪分

无贪的真修行

不受不贪

著相的人
未能忘我
对于外境
存在憎爱之心
修持通达无我
才能无欲受

凡夫永远难满足
有贪求欲乐之心
即使修行中
也有贪求福德

菩萨修行
虽然以无量世界七宝布施
假如心著相
所得福德也有限
如果修行菩萨
心不著相
悟无我法
以无我之想
这种福德就是无量的
远胜著相的七宝布施

布施时
有离相之因
就不变福德果
所以福德是无量的

菩萨修行
度众生是应当的行愿
不受不贪行布施
是真修行菩萨

经文

“须菩提，若菩萨以满恒河沙等世界七宝持用布施。若复有人知一切法无我，得成于忍，此菩萨胜前菩萨所得功德。何以故？须菩提，以诸菩萨不受福德故。”须菩提白佛言：“世尊，云何菩萨不受福德？须菩提，菩萨所作福德，不应贪著，是故说不受福德。”

二十九　威仪寂静分

真如本体

真如本体

如来本体

庄严寂静

非动非静

无来无去

报应身的来去坐卧

只是幻化现相

如来真如本体

没有来去

假名称作如来

“须菩提，若有人言，如来若来若去，若坐若卧，是人不解我所说义。何以故？如来者，无所从来，亦无所去，故名如来。”

三十一 一合理相分

无尽变幻的宇宙相

无尽变幻的宇宙相

宇宙世界
数量无法计算
宽广无法丈量
时间没有尽头
变幻无法停止
无量无数的
各种物质
混合
撞击
分裂
组合
变化不断
变幻不息
时而形成大同世界
时而互相吞纳变体
分分合合
混溶生灭
不能形容大小
无法说是多少

光明会转入黑暗
黑暗也会融入光明
没有永恒实在
没有不变形体
一百一千一万
千万万万亿万
千亿万亿亿亿
无有穷尽
无有始终
无有永恒
无有边际
不是空
不是有
不是静
不是动
不是生
不是灭
有会变空
空又成有

成了会散
散又混合
不断地
变变变
化化化
不定地
分分分
不同地
合合合

总是
无常的变迁
无我的实体
譬如浪花的
升沉流动
只有不停息的出现
没有长久的形状
只有起伏的不断
只有迁流的变动
哪有不变的世界?

都只是
合成合成合成
混融混融混融
不生的生
不灭的灭
常变的变
常动的动
这就是世界
这就是宇宙
没有可执著的
没有能掌握的
无常变迁的生命
变幻不停的世界

随缘不变
不变随缘的
心境
才是醒觉的
超脱潇洒
智慧人生

经文

“须菩提，若善男子、善女人，以三千大千世界碎为微尘，于意云何？是微尘众，宁为多不？”须菩提言：“甚多，世尊。何以故？若是微尘众实有者，佛即不说是微尘众。所以者何？佛说微尘众，即非微尘众，是名微尘众。世尊，如来所说三千大千世界，即非世界，是名世界。何以故？若世界实有者，即是一合相，如来说一合相，即非一合相，是名一合相。”“须菩提，一合相者，即是不可说，但凡夫之人，贪著其事。”

三十一 知见不生分

精神思想的见解

精神思想的见解

心灵世界是
精神思想的
思想上的见解
指引众生
安身立命

对自身的认知即我见
对他人的认知即人见
对众生的认知即众生见
对生命延续的认知即寿者见
都是主观思想的认定

一般凡夫
认为这个我
除了肉体生命
看不到的灵魂
也是恒久存在的
执著现在的
还要诉求未来的

延续生命
成就大善人
大福报
上升天堂
享受无穷快乐
做个永恒的生命

对于别人
尤其亲人族群
也会认定
世世代代
繁衍不断
香火永续
宗族源流不息
百代千代万代
最好都尽享
荣华富贵
绵延繁盛

人类群生
也认为
应当可以
共同繁华不衰
永久昌盛兴旺
对所有族群
都以为可以
长久延续
世代昌荣

这种见解
其实
只是凡人的主观认知
从宏大方面去看
宇宙是变幻无常的
混溶生灭世界
那么
依存在这个
无常变迁生存的族群
又哪能永恒不灭?
不管是
凡夫之人

甚至修学大乘佛法
想成就
无上菩提的人
都应该清楚认知
精神层面的
各种想法
各种主观见解
都不是永恒真实存在
更不是永恒真理

所认知的现实
所见的事物
所有的思想
都不真实
不是本体

时间在变
空间在变
思想在变
见解在变
变变变
无常变迁

刹那不停
没有永恒
没有真实

不要执著虚幻的
世间
　名利
　权位
　财宝
　亲族
都是暂时的
必须
　面对它
　把握它
　处理它
　放下它
人与人
和平相处
度过生命时程

享名位
　勇于任事
　尽责承担

掌权力
　忠于职守
　勿专横狂妄

对财富
　取之有道
　非份莫贪
　善用利己利人
　共享共荣

与亲族
　仁爱亲和
　互助扶持
　共享资源
　同乐同群

善守现生福祉

不令奢华浪费

心存仁慈敦厚

行为谦让平和

珍惜美好时光

提升精神境界

善念善行

心与宇宙互融

身与大地共通

与大海共溶

不给海水添一滴毒素

与大地共生

不给土地增一处污染

一念欢喜平和过

天下到处能安身

天地人共和融

亿万年也随缘

经文

“须菩提，若人言佛说我见、人见、众生见、寿者见，须菩提，于意云何？是人解我所说义不？”“不也，世尊，是人不解如来所说义。何以故？世尊说我见、人见、众生见、寿者见，即非我见、人见、众生见、寿者见，是名我见、人见、众生见、寿者见。”“须菩提，发阿耨多罗三藐三菩提心者，于一切法，应如是知，如是见，如是信解，不生法相。须菩提，所言法相者，如来说，即非法相，是名法相。”

三十二　应化非真分

虚幻与真理

虚幻与真理

佛陀演说的宗旨
是
呈现世间虚幻
指出真理
“一切有为法
如梦幻泡影
如露亦如电
应作如是观”
金刚般若波罗蜜经
最终极的道理
就是这四句总结

世间一切的一切
有形或无形
物质或非物质
众生或个人的
　感情思想
　得失成败
　美丑好恶
　恩义情仇
　爱恨欢愉
　庆幸愧悔
　毁誉荣辱
　衣食住行
　财物产业
　珍奇宝贝
　权威名利
外在世界的
　城镇乡野
　海洋洲岛
　山河大地
　日月星辰
　以至宇宙天体
存在过程
只是时间段产物
就好像梦里的景象
水上的泡沫
物体的影子

露珠雾气
雷电风云
虚幻不实在
也不是长存

都是各种时间机会
各种因素关系组合
这才是宇宙人生
最正确的真理

佛法智慧
就是指引众生
应该这样观察世情事物
不为所动
不被牵缠
以不变应万变
随遇而安
随缘而住
安身立命于
不执著于空或有
不执著于苦与乐
不执著于人间或天堂
不执著于圣人或凡夫

随顺因缘生活
智慧潇洒超脱
动静一如
如如不动
一念万年超三世
无去无来无古今
圆融无碍周沙界
常寂光中全法身

经文

“须菩提，若有人以满无量阿僧祇世界七宝持用布施，若有善男子、善女人，发菩提心者持于此经，乃至四句偈等，受持读诵，为人演说，其福胜彼。云何为人演说？不取于相，如如不动。何以故？一切有为法，如梦幻泡影，如露亦如电，应作如是观。”佛说是经已，长老须菩提，及诸比丘、比丘尼、优婆塞、优婆夷，一切世间天人阿修罗，闻佛所说，皆大欢喜，信受奉行。

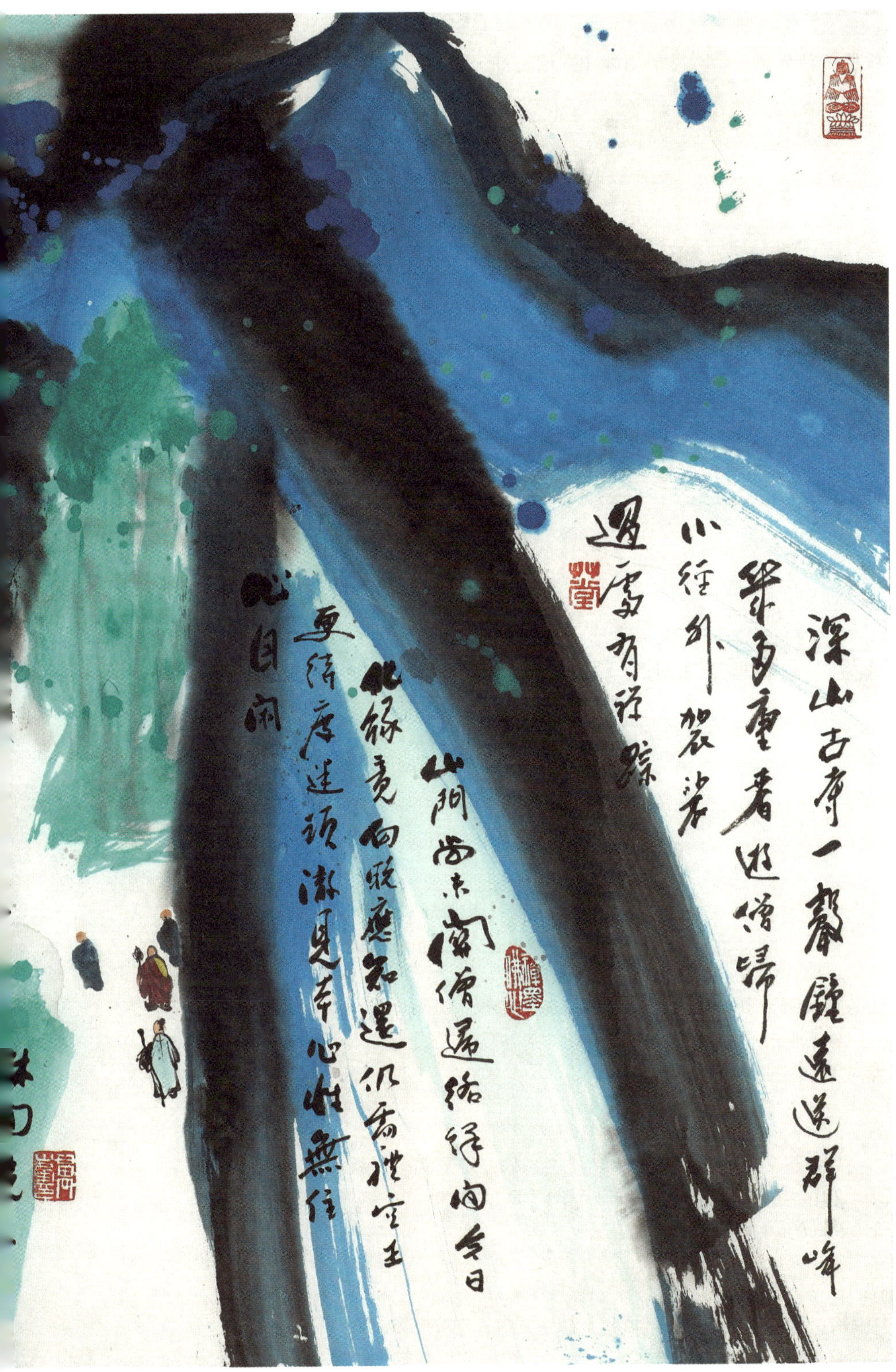

图书在版编目(CIP)数据

潇洒的智慧：诗禅画意金刚经 / 万峰山人绘著. —北京：社会科学文献出版社，2014.8

ISBN 978-7-5097-6199-1

Ⅰ. ①潇… Ⅱ. ①万… Ⅲ. ①《金刚经》-图解 Ⅳ. ①B942.1-64

中国版本图书馆CIP数据核字(2014)第141834号

潇洒的智慧：诗禅画意金刚经

绘　　著 / 万峰山人 — 李雄风

出 版 人 / 谢寿光
项目统筹 / 孙元明　杨　轩
责任编辑 / 杨　轩

出　　版 / 社会科学文献出版社 · 电子音像出版社(010)59367069
地址：北京市北三环中路甲29号院华龙大厦　邮编：100029
网址：www.ssap.com.cn
发　　行 / 市场营销中心 (010) 59367081　59367089
读者服务中心 (010) 59367028
印　　装 / 北京盛通印刷股份有限公司

规　　格 / 开　本：787mm×1092mm　1/16
印　张：13　图片幅数：97幅　字　数：50千字
版　　次 / 2014年8月第1版　2014年8月第1次印刷
定　　价 / 96.00元